Berlin 2008

Bibliographische Information der Deutschen Nationalbibliothek

Die Deutsche Nationalbibliothek verzeichnet diese Publikation in der der Deutschen Nationalbibliografie; detailierte bibliografische Daten sind im Internet über http://dnb.d.-nb.de abrufbar.

Impressum:
ISBN: 978-3-8370-6863-4

1. Auflage: 2007; 48 Exemplare
2. Auflage: 2007; 48 Exemplare
3. überarbeitete Neuauflage
Herstellung und Verlag: Books on Demand GmbH, Norderstedt

Gotthard Krupp

Für die Wiederentdeckung
der Farbe!

Berlin 2008

„Die Farben sind der Ort,
wo unser Gehirn und das Universum
sich begegnen.“

Paul Cézanne

Die folgende Seiten sind kein abgeschlossener Diskussionsbeitrag, sondern bestenfalls „Notizen", die darauf warten, ergänzt, oder gar verworfen zu werden.

Dazu lade ich alle Leserinnen und Leser herzlich ein und aus dem so entstehenden neuen Material möchte ich gerne eine überarbeitete, diskutierte Fassung machen. Ich danke allen, die mit ihren Anmerkungen und ihrer Kritik an der Herausgabe mitgewirkt haben.

Ich hoffe, dass die Zeilen dazu anregen und freue mich auf die kritischen Anmerkungen.

Der Künstler soll über Kunst und insbesondere auch seine Kunst schweigen. Schon 1904 stellt Julius Meier-Graefe in einem Standardwerk fest: „Es gehört keine Größe des Charakters oder der Intelligenz dazu, um Kunst zu verstehen. Die größten Leute unserer Zeit haben bekanntlich gar nichts davon verstanden, und was noch auffallender ist, die Künstler selbst verstehen in der Regel das Geringste davon; die größten Torheiten über Kunst sind von Künstlern ausgesprochen worden."[1]

So eingeschüchtert erklären Künstler, bevor sie etwas sagen, dass sie besser nichts sagen und stellen, wie z.B. Matisse, fest: „Es ist mir denn auch ganz klar, dass ein Maler keinen besseren Fürsprecher haben kann als sein Werk."[2]

Das stimmt immer, aber erklärt noch nicht das oft selbst verordnete Schweigen. Man kann dankbar sein, dass viele Künstler sich

---

[1] Julius Meier-Graefe ; »Die Träger der Kunst früher und heute« 1904; zit. nach: Kunsttheorie Bd 1; S. 68
[2] Henri Matisse; »Notizen eines Malers« 1908, zit. nach: Kunsttheorie Bd 1; S. 96

entschieden haben, nicht zu schweigen, sondern sich mit Texten, Interviews, Manifesten zu Wort melden.

Dennoch spricht Roy Lichtenstein sicher vielen Künstlern aus dem Herzen, wenn er feststellt: „Ich bin mir nicht sicher, ob ein Künstler über größere Einsicht verfügt, die er in Worten ausdrücken kann, als ein Kritiker oder Historiker." [3]

Wenn man das, was man in Bildern ausdrückt, in Worte kleiden könnte, würde man besser schreiben bzw. sprechen, statt zu malen. Dass der bildende Künstler zum Mittel der Malerei greift, hat ja seine letzte Ursache darin, dass Worte ihm nicht ausreichen.

Dennoch gibt es auch einiges zu sagen. Dabei geht es nicht darum, die Analysen von „Kritikern" und „Wissenschaftlern" zurechtzurücken, bzw. zu korrigieren. Als Künstler geht man an die Fragen anders heran. Es ist ein eigener Standpunkt, der formuliert werden muss, ein Standpunkt, aus der Sicht des Künstlers.

---

[3] Roy Lichtenstein; Vortrag vor der College Art Association 1964, zit. nach: Kunsttheorie Bd 2; S. 900

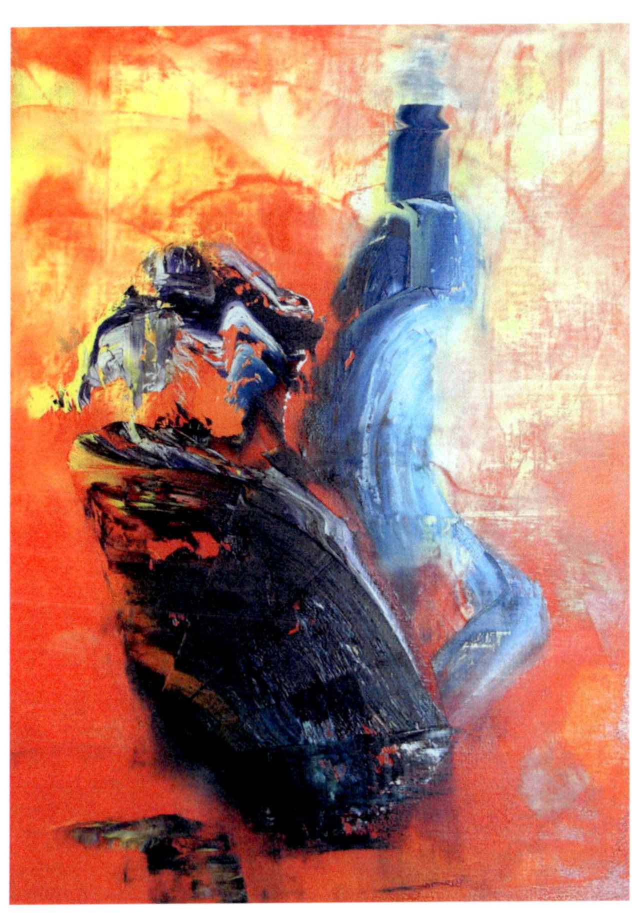

Das beginnt schon bei der Bildbetrachtung. Selbstverständlich besteht die erste Pflicht eines Malers darin, Bilder anderer Maler nicht nur zur Kenntnis zu nehmen, sondern auch für sich zu verarbeiten. Und diese Verarbeitung wird sich von der eines Kunsthistorikers bzw. -kritikers unterscheiden.

In den 60er und 70er Jahre des letzten Jahrhunderts gab es verschiedentlich Versuche, die Grenze zwischen Produzenten und „Erklärern" [4], also zwischen Produzenten und Kunstwissenschaftlern und –kritikern, einzureißen. Nicht nur das, es sollte die künstliche Trennung zwischen Kunst und Leben aufgehoben werden.[5] Der Betrachter sollte zugleich Produzent werden;[6] bis hin zu Joseph Beuys Feststellung: „Jeder Mensch ist ein Künstler" [7]

Diese Versuche sind zu Ende gegangen, die Trennung ist geblieben. Es bleibt am Schluss die Erfahrung: Der Künstler „braucht das

---

[4] Kunsttheorie; S. 1223
[5] Allan Kaprow ; *Assemblage, Environments & Happenings* 1959—1965; Kunsttheorie; S. 862 ff
[6] Franz Erhard Walther; Statement 1968; Kunsttheorie; S. 1086 f
[7] Joseph Beuys; »Ich durchsuche Feldcharakter« 1972; Kunsttheorie; S. 1120

Publikum zu seinen eigenen Bedingungen. Das Publikum aber braucht ihn überhaupt nicht." [8]

Ich habe den Eindruck, dass einerseits sich Kunst heute oft elitärer denn je versteht und der Künstler nicht einmal mehr den Versuch unternimmt, die Menschen zu erreichen – es sei denn in der Gestaltung von Events; andererseits aber die Kunst auf ein wachsendes Interesse in der breiteren Öffentlichkeit trifft.

Im Folgenden will ich mich mit den Fragen des Kunstprozesses selber auseinandersetzen. Über die Rahmenbedingung der Entstehung von Kunst, der Frage der Beziehung zwischen Kunst und Politik, wird es sicher noch später Gelegenheit geben, sich zu äußern.

Dabei bin ich nicht unparteiisch und neutral, sondern beziehe durchaus Position: als Betrachter von Kunstwerken; als Produzent von Bildern und Galerist in eigener Sache und nicht zuletzt als ein politisch engagierter Mensch.

---

[8] David Smith »Die wirtschaftliche Unterstützung der Kunst im heutigen Amerika« 1953;
Kunsttheorie; S. 814

Der Kunstprozess

Die größte Überraschung beim Lesen verschiedener kunsttheoretischer Ansätze und Diskussionen war für mich, dass der Kunstprozess nicht in seine selbstverständlichen verschiedenen Bereiche unterteilt wird. Eine solche Unterteilung vereinfacht vieles und erlaubt uns, genau zu unterscheiden, wovon wir reden. Wahrscheinlich ist es so trivial, dass niemand davon reden muss.

Im Prinzip haben wir nur drei unterschiedliche Vorgänge, die zwar miteinander verbunden sind, die aber eigenständig gesehen werden müssen.

Zunächst muss das Kunstwerk entstehen, also hier das Bild: ein Maler malt ein Bild und definiert es als „fertiges Bild." (Dass diese Definition wichtig ist, darauf komme ich später zurück).

Mit dieser Definition von „fertig" beginnt sozusagen das Kunstwerk, das Bild, sein eigenes vom Maler unabhängiges Leben:

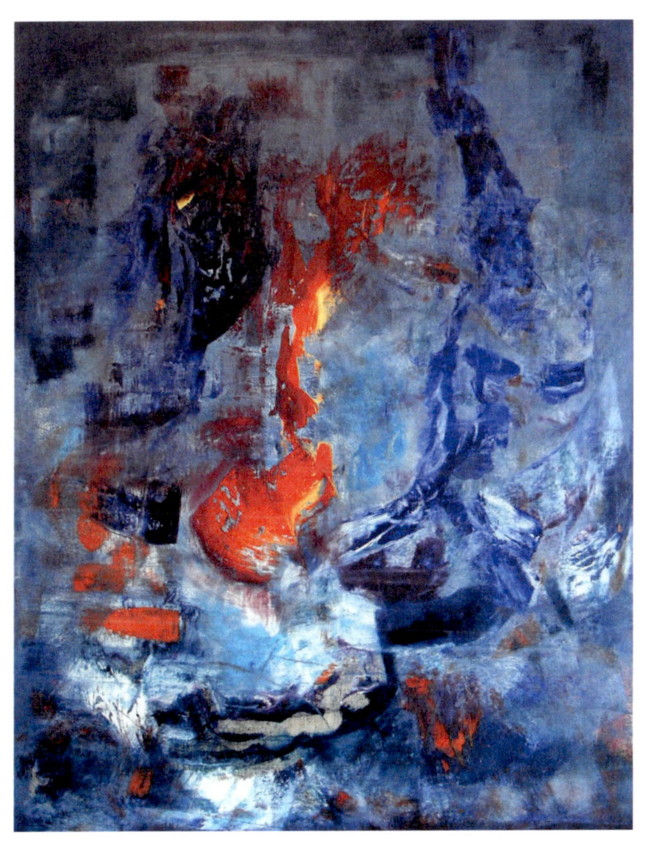

entweder es vermodert beim Maler, oder es wird sofort ausgestellt und auch verkauft; vielleicht kommt es auch in eine der riesigen Lager reicher Sammler in irgendeiner Freihandelszone, oder landet irgendwann in einem Museum. Der Varianten gibt es viele und der Maler, aber auch der mögliche Kunstinteressierte, soweit er überhaupt von der Existenz des Bildes weiß und nicht als Händler oder Galerist agiert, haben im Normalfall keinen Einfluss mehr darauf, was mit einem Bild passiert.

Nun kann es sein, dass das Bild zu einem Betrachter findet und in Augenschein genommen wird. Es findet dann eine eigene individuelle Auseinandersetzung mit dem Bild statt.

Warum diese Auseinandersetzung, bzw. die Interpretation des Betrachters der geplanten Aussage bzw. der Intention des Künstlers entsprechen sollte, weiß ich nun wirklich nicht.

Das sind vielleicht die romantischen Träume von Künstlern, aber auch von Kunst-Kritikern bzw. -Historikern, die glauben, ihre Sicht sei auch die Basis für die Betrachter des Bildes im Allgemeinen.

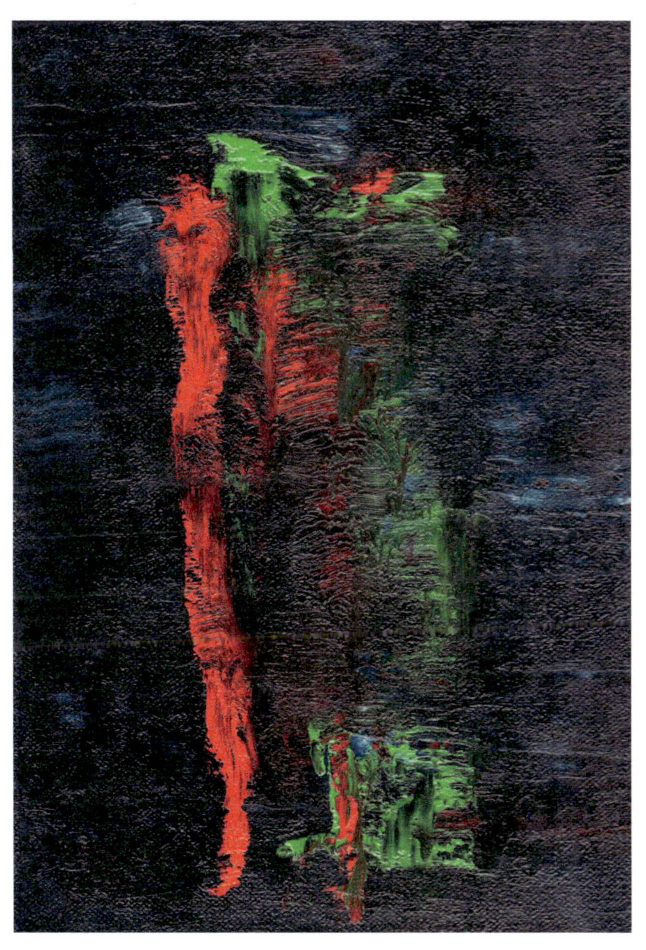

Ich kenne meine Herangehensweise an andere Bilder gut genug. Im Prinzip interessiert mich zunächst, wenn ich ein Bild betrachte, nicht, was der Künstler gedacht hat, was er aussagen wollte, noch weniger was der Kunst-Kritiker bzw. -Historiker formuliert. Aber das Bild im Sinne seiner kompositionellen und farblichen Gestaltung, interessiert mich – als ein eigenständiges Werk.

Der Satz, den ich immer wieder formuliert habe, das Bild hat das Recht auf eigene Interpretation durch den Betrachter, hat seine volle Gültigkeit.

Das ist der Normalfall.

Und dennoch, es gibt Ausnahmen. So z.B. das Bild Guernica von Picasso. Als Bild, mit seiner Geschichte, ist es eine Anklage gegen den faschistischen Luftangriff auf die baskische Stadt Guernica.

Allerdings ist es auch als eine verallgemeinerte Anklage gegen die Barbarei des Krieges zu verstehen. Ein Bild mit einer sehr direkt greifbaren Aussage.

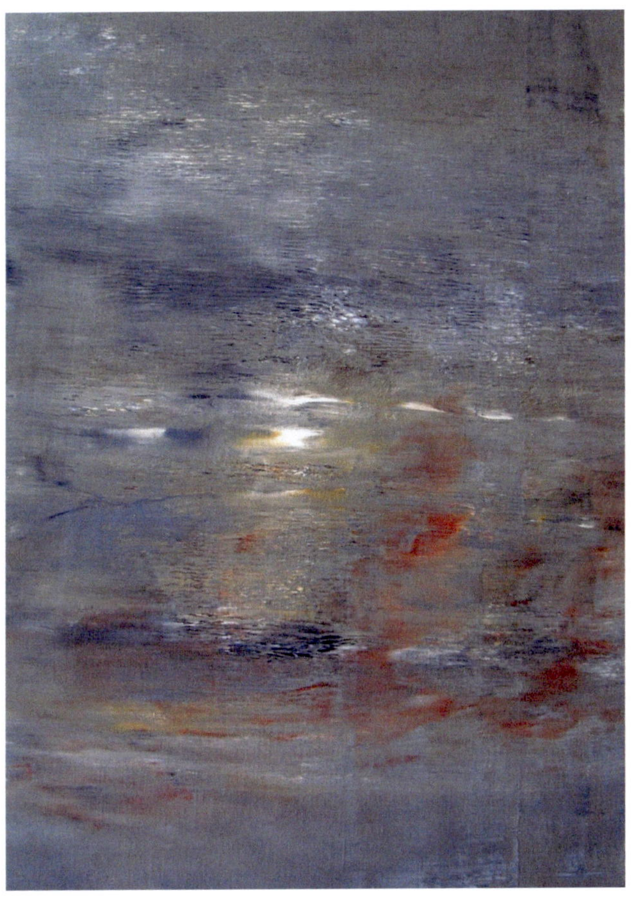

Ein Bild entsteht

Für den Maler gibt es die unterschiedlichsten Herangehensweisen an das Malen eines Bildes. Paul Cézanne ist noch sehr eng verbunden mit der Natur, die „gemäß Zylinder, Kugel und Kegel" behandelt werden muss und „bringe das Ganze in die richtige Perspektive". [9] Dagegen schreibt Matisse: „Es ist mir unmöglich, die Natur sklavisch nachzuahmen, ich muss sie interpretieren und der Bildidee unterwerfen", [10] verlangt aber vom Künstler, dass er „solange er malt", „er das Gefühl haben (muss), er bilde die Natur ab."[11]

Jahrzehntelang währte der erbittert geführte Streit zwischen figurativer und abstrakter Kunst. („Es gibt auch keine ‚figurative' und ‚nichtfigurative' Kunst" (Picasso)[12]

---

[9] Paul Cézanne ; Briefe an Emile Bernard 1904—1906; Kunsttheorie; S.43
[10] Henri Matisse; »Notizen eines Malers« 1908; Kunsttheorie; S.99
[11] Henri Matisse; »Notizen eines Malers« 1908; Kunsttheorie; S.101
[12] Pablo Picasso; »Gespräch mit Picasso« 1935; Kunsttheorie; S.625

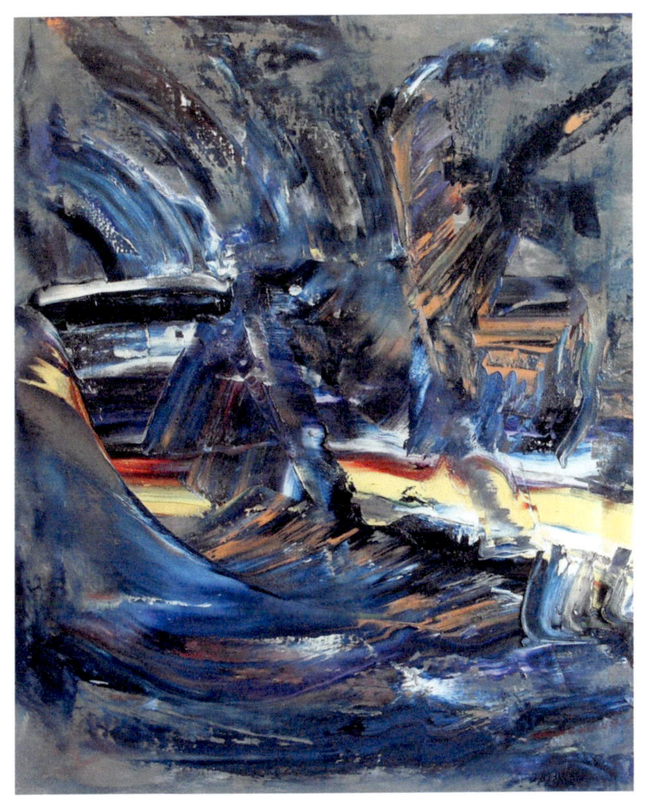

Heute herrscht der Standpunkt vor, dass alles erlaubt ist. Manch einer negiert, dass Kunst etwas zu sein hat, was man sieht. So können es z.B. bei dem Künstler Robert Barry elektromagnetische Wellen sein.[13]

Ol'ga Rozanova stellte schon am Anfang des letzten Jahrhunderts fest, dass in das Werk einfließt „das, was der Künstler sieht + das, was er weiß + das, woran er sich erinnert usw; das Resultat dieses Bewusstseins unterwirft er beim Auftragen auf die Leinwand konstruktiver Überarbeitung, was letzten Endes in der Kunst das Wichtigste ist, denn nur unter dieser Bedingung entsteht der eigentliche Begriff des Gemäldes und eines sich selbst genügenden Wertes." [14]

Der Maler ist keineswegs nur durch sein Verhältnis zur Natur bestimmt. Der Maler ist ein gesellschaftliches Wesen, geprägt durch gesellschaftliche Verhältnisse, menschliche Beziehungen, Ereignisse, eigenes Erleben.

---

[13] Robert Barry; Interview mit Arthur R. Rose 1969; Kunsttheorie; S. 1028

[14] Ol'ga Rozanova; »Die Grundlagen des neuen künstlerischen Schaffens und die Gründe, warum es missverstanden wird« 1913; Kunsttheorie; S.245

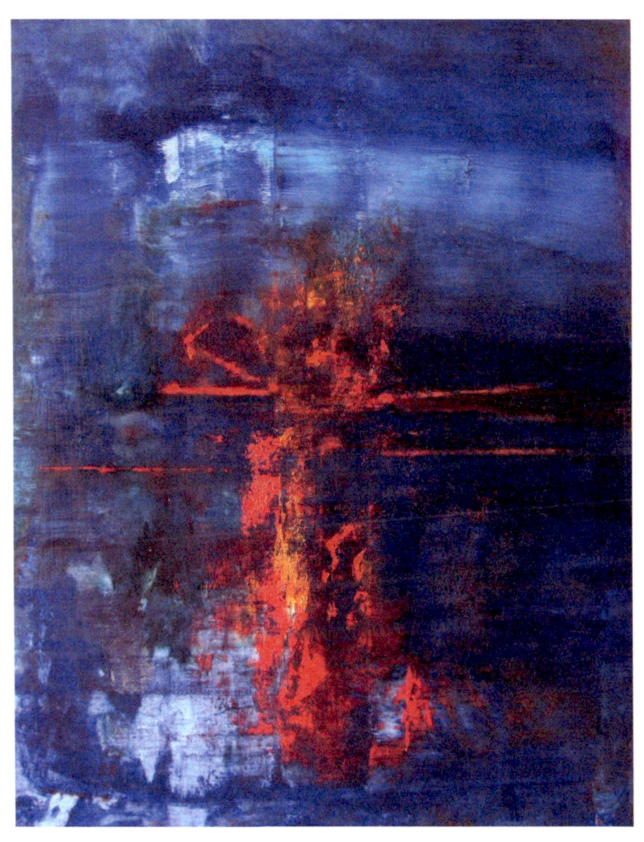

Letztlich spiegelt sich das alles in der Malerei, in den Bildern wider.

Im Prozess des Malens, „malt der Maler nicht bloß mit den Augen, er malt für die Augen."[15] Er malt, setzt ab, betrachtet, korrigiert, verändert, beginnt von vorn, übermalt, betrachtet. Das heißt nichts anderes, als dass er im Malprozess selber seine Position und Funktion verändert. Er wird vom Produzenten zum Betrachter und umgekehrt. Er lässt durchaus die Vorstellung über die Erwartungen des späteren Publikums mit in den Produktionsprozess einfließen und nimmt so in gewisser Weise den Dialog mit dem Publikum vorweg.

Dazu gehört auch, dass der Produzent von den Bildern anderer Maler beeinflusst wird. Durch das „Imitieren anderer Maler"[16] – auch anderer Jahrhunderte - lernt er Malen. Damit meine ich nicht das sklavische Nachmalen, aber das Studium der Technik, Kom-

---

[15] Flint Schier; »Malerei nach der Kunst?« 1987/1991; Kunsttheorie; S.1382
[16] Frank Stella; Vortrag am Pratt Institute 1959/60; Kunsttheorie; S.993

position, Farbe... Letztlich ist es so, dass die Kunst dadurch „lebt", dass Künstler andere Künstler beeinflussen, dass „irgendein Aspekt ihrer Arbeit für lebende Künstler wieder ‚brauchbar' wird." [17]

Dieser Prozess wird beendet mit der Definition des Bildes als „fertig." Damit tritt eine entscheidende Wende in dem Produktionsprozess ein.

[17] Joseph Kosuth; »Kunst nach der Philosophie« 1969; Kunsttheorie; S. 1035

Der Zufall bei der Gestaltung von Bildern

Jasper Johns will mit seinen Bildern keine Aussagen treffen, deshalb die Nummern- und Fahnenbilder. „Ich persönlich würde das Bild lieber in einem Zustand der ‚Aussage-vermeidung' halten." Aber „wenn Bilder fertig sind, neigen sie wohl dazu, eine bestimmte Eigenschaft anzunehmen. Das ist eben einer der Gründe warum sie fertig sind, weil nämlich alles in diese Richtung gelaufen ist und es kein Zurück mehr gibt." [18] Hier geschieht etwas, vom Willen des Malers Unabhängiges. Wer sich die Bilder von Jasper Johns ansieht, kann gar nicht davon ausgehen, dass er nichts zu sagen hat.

Womöglich ist es richtig, wenn er sagt, „Man muss einfach mit allem arbeiten, und die Aussage, die dabei herauskommt, als unvermeidlich akzeptieren, oder als ausweglose Situation. Ich glaube, dass es der meisten Kunst, die sich vornimmt, eine Aussage zu machen, nicht gelingt, eine Aussage zu machen, weil die verwendeten Methoden zu

---

[18] Jasper Johns; Interview mit David Sylvester 1965; Kunsttheorie; S. 889 und 886

schematisch oder zu artifiziell sind. Von der Malerei erwartet man doch, dass sie einen Sinn von Leben vermittelt. ... die endgültige Aussage darf keine vorsätzliche Aussage sein, sondern eine, die zu machen einem nichts anderes übrig blieb. Sie muss das sein, was man nicht vermeiden kann, zu sagen, nicht das, was man sich zu sagen vorgenommen hatte." [19]

Damit sind wir bei einer sehr entscheidenden Frage, die sehr unterschiedlich beantwortet wird: der Rolle des Zufalls bei der Gestaltung von Bildern.

„Der Zufall ist ein großer Meister,
da er nämlich kein Zufall ist.
Der Zufall besteht nur in unseren Augen.
Er ist ein Gehilfe des Meisters ‚Universum'"

Mit diesen eindrucksvollen Worten hat der Maler Wols den „Zufall"[20] in der Malerei aus seiner Sicht beschrieben. Es gibt eine Viel-

---

[19] Jasper Johns; Interview mit David Sylvester 1965; Kunsttheorie; S. 888
[20] Wols ; Aphorismen ca. 1940—1950; Kunsttheorie; S. 716

zahl von Zeugnissen, die die Rolle des Zufalls als eigene kreative Kraft beschreiben.

Francis Bacon beschreibt zum Beispiel den Prozess sehr genau: „Eines der Bilder, die ich 1946 malte, das eine, das aussieht wie ein Fleischerladen, kam mir durch Zufall. Ich habe versucht, einen Vogel darzustellen, der auf einem Feld niedergeht, und vielleicht hing das noch irgendwie zusammen mit den drei Formen, die vorher da waren, aber plötzlich deuteten die Linien, die ich gezogen hatte, etwas ganz anderes an, und aus dieser Andeutung ist das Bild entstanden. Ich hatte nie die Absicht, das Bild so zu machen, ich hatte es mir nie so vorgestellt. Es war wie eine Reihe von unvorhergesehenen Ereignissen, von denen das eine notwendig auf das andere folgt." [21]

Zufall und dennoch eine bestimmte Zwanghaftigkeit und Logik, die im Malprozess selbst liegt: in diesem Zwiespalt bewegt sich der Maler.

---

[21] Francis Bacon; Gespräch mit David Sylvester 1962; Kunsttheorie; S. 762f

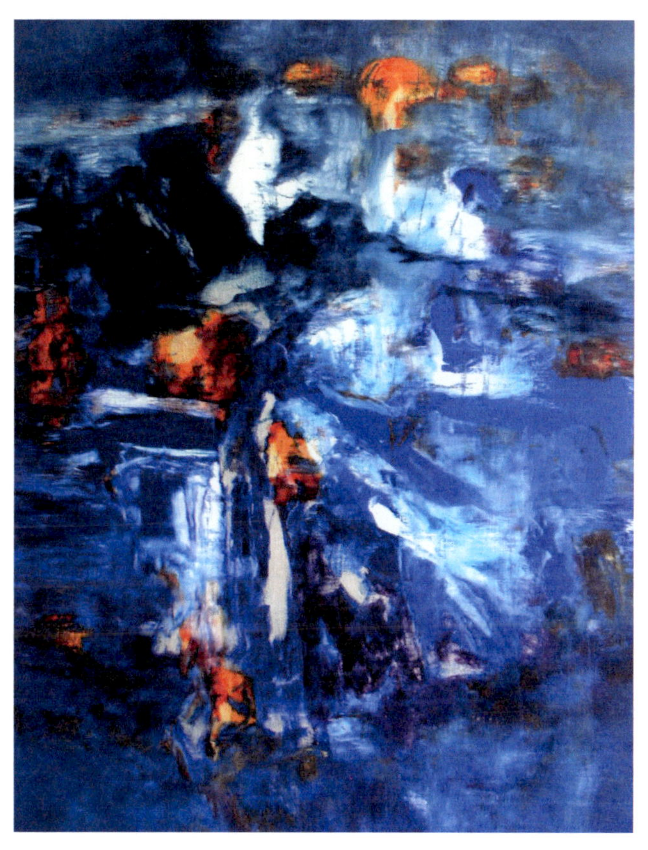

Nochmals Francis Bacon dazu: „Sie wissen, all mein Malen ist Zufall, und das immer mehr, je älter ich werde. Natürlich sehe ich es voraus, ich habe es im Kopf, und doch führe ich es fast niemals so aus, wie ich es mir vorgestellt hatte. Es verwandelt sich beim Malen. Ich benutze sehr große Pinsel, und durch die Art, wie ich arbeite, weiß ich tatsächlich sehr oft nicht, wie sich die aufgetragene Farbe verhalten wird. Sie macht vieles, das sehr viel besser ist als das, wozu ich sie bringen könnte. Ist das Zufall? Vielleicht könnte man sagen, es ist kein Zufall, weil dann ein Auswahlprozess einsetzt, welchen Teil dieses Zufalls ich festhalten will. Ich versuche natürlich, die Lebendigkeit des Zufalls zu erhalten und doch eine Kontinuität zu bewahren.“[22]

Und das verbindet sich bei Bacon zu einer Weltsicht: „Ich glaube auch, dass der Mensch heute einsieht, dass er ein Zufall ist, ein völlig zweckloses Geschöpf, dass er sein Spiel grundlos zu Ende spielen muss.“ [23]

---

[22] Francis Bacon; Gespräch mit David Sylvester 1962; Kunsttheorie; S. 764
[23] Francis Bacon; Gespräch mit David Sylvester 1962; Kunsttheorie; S. 766

Jackson Pollock, der seine Bilder mehr oder weniger mit Stöcken und mit Tropfen malte, so dass man eigentlich von einem Zufall ausgehen muss, bestritt das ausdrücklich: „den Zufall gebrauche ich nicht – weil ich den Zufall leugne." D.h. er hat zwar keine Vorstellung im Kopf, aber immerhin schwebt ihm „allgemein eine Idee" vor.[24]

Ob aber der Begriff der Idee, die in dem Bild entsteht, wirklich weiter hilft, möchte man doch sehr bezweifeln.

John Cage, in seiner Beschreibung des Künstlers Robert Rauschenberg erklärt besonders radikal, dass „Ideen nicht nötig" – dass es „nützlicher ist, keine zu haben, vor allem nicht mehrere..." [25]

Piero Manzoni, bestritt grundsätzlich, dass Bilder eine Aussage haben, bzw. ihnen eine Idee zu Grunde liegt.[26]

---

[24] Jackson Pollock; Interview mit William Wright 1950; Kunsttheorie; S.701
[25] John Cage; »Über den Künstler Robert Rauschenberg und sein Werk« 1961; Kunsttheorie; S.880
[26] Piero Manzoni; »Freie Dimension« 1960; Kunsttheorie; S. 869

Eine Vielzahl von anderen Künstlern weisen zurück, dass es eine vollständig vorher überlegte, eine fest umrissene Idee umsetzende Herangehensweise bei der Produktion von Bildern gibt. Stattdessen wird auf die Seele[27] bzw. auf das Unbewusste[28] verwiesen.

Auch Barnett Newman beschreibt diesen Malprozess mit ähnlichen Worten: „Ich habe nie mit Entwürfen gearbeitet, nie ein Gemälde geplant, nie ein Gemälde »durchdacht«. Ich beginne ein Gemälde so, als ob ich noch nie gemalt hätte Ich vertreten kein Dogma, kein System, keine Lehren. Ich besitze keine formalen Lösungen. Ich habe kein Interesse an einem »fertigen« Gemälde. Ich arbeite nur aus tiefer Leidenschaft heraus." [29]

Ähnliche Formulierungen finden wir bei den verschiedensten Malern der 50er und 60er Jahre im 20.Jahrhundert. So z.B. bei Willi Baumeister: „Große Werke sind einfach, selbstverständlich, ohne Pose. Sie sehen nicht aus, wie wenn sie von jemanden gemacht,

---

[27] Eva Hesse; Interview mit Cindy Nemser 1970; Kunsttheorie; S.1083

[28] Jackson Pollock; Interview mit William Wright 1950; Kunsttheorie; S.701

[29] Barnett Newman; Interview; Kunsttheorie; S. 941

sondern als wenn sie von selbst entstanden wären. Natur hat sich geäußert." [30]

Schwitters sagt: „Die Kunst ist ein Urbegriff, erhaben wie eine Gottheit, unerklärlich wie das Leben, undefinierbar und ohne Zweck."[31]

Was ist also das Ziel des Malers?

Gerhard Richter erläutert seine Zielstellung beim Malen: „Dass eben etwas entsteht, was ich nicht kennen, nicht planen konnte, was besser, klüger ist als ich, was auch dann allgemeiner ist. In einer mehr direkten Weise habe ich das ja auch schon mit den eintausend oder viertausend Farben versucht, in der Erwartung, dass sich da ein Bild einstellt. - Und was für ein Bild? - Eines, das unsere Situation richtiger darstellt, das mehr Wahrheit hat, etwas Künftiges hat, also auch wie ein Entwurf zu verstehen, und mehr als das, also nicht didaktisch nicht logisch, sondern mehr frei und bei aller Kompliziertheit auch mühelos als Erscheinung." [32]

---

[30] Willi Baumeister; Das Unbekannte in der Kunst 1943—1945/1947; Kunsttheorie; S. 753f
[31] Kunsttheorie; S.1318
[32] Gerhard Richter; Interview mit Benjamin H.D. Buchloh 1986; Kunsttheorie; S.1280

Kunst entsteht in der Regel also, nach diesen Auffassungen, nicht auf Rezept bzw. nach bestimmten Methoden, die Kunst garantieren, oder nach vorgefassten Ideen. Aber gleichzeitig entsteht etwas mit einem Inhalt.

Adorno, hat im Jahr 1950, in den Darmstädter Gesprächen, die abstrakte Kunst gegen Hans Sedlmayr verteidigt. Gleichzeitig wendet er sich gegen die Idee des „Kosmischen" und der „absoluten Harmonie" verschiedener abstrakter Maler, in dem er erklärt: „die Harmonie des modernen Kunstwerkes besteht darin, dass es das Zerrissene, selber unversöhnt, unversetzt zum Ausdruck bringt..." [33]

Vergessen wir nicht, Künstler wollen in den meisten Fällen Ausdruck der Zeit sein, ihrer Zeit und sie sind es dann auch. Man kann es auch so kurz fassen, wie Josef Albers: „Der Inhalt der Kunst: Visuelle Formulierung unserer Reaktion auf das Leben."[34] So sucht

---

[33] Hans Sedlmayr und Theodor W. Adorno; »Darmstädter Gespräch« 1950; Kunsttheorie; S.802
[34] Josef Albers; Texte vor 1959—1964; Kunsttheorie; S. 920

Pollock mit seiner neuen abstrakten Malerei
nach einem Weg, die heutige Zeit, und das
war in den 40er Jahren des letzten Jahrhunderts die neue Erfahrung des Zeitalters der
Atombombe, auszudrücken.[35]

Ob das gelingt, das zu beurteilen, bleibt beim
Betrachter.

---

[35] Jackson Pollock; Interview mit William Wright
1950; Kunsttheorie; S.702

Ein Bild wird betrachtet

Flint Schier, der sehr klar beschrieben hat, wie ein Bild entsteht und dass der Maler den Dialog mit dem Betrachter vorweg nimmt, also der Maler malt „nicht bloß mit den Augen, er malt für die Augen"[36], ausgerechnet er verlangt vom Betrachter, den Standpunkt des Künstlers einzunehmen: „Wie der Künstler sich in die Rolle seines Betrachters versetzen muss, so ist der Betrachter verpflichtet, sich den Standpunkt des Künstlers auszumalen."[37]

Rothko, Newman und Gottlieb formulieren es noch radikaler: „Es ist unsere Aufgabe als Künstler, die Betrachter dahin zu bringen, die Welt mit unseren Augen zu sehen – nicht mit ihren."[38]

Wieso eigentlich?

---

[36] Flint Schier; »Malerei nach der Kunst?« 1987/1991; Kunsttheorie; S.1382

[37] Flint Schier; »Malerei nach der Kunst?« 1987/1991; Kunsttheorie; S.1384

[38] Adolph Gottlieb und Mark Rothko mit Barnett Newman; Statement 1943; Kunsttheorie; S. 689

Sowenig wie der Künstler sich vom Betrachter leiten lässt, so wenig gibt es einen Grund, sich als Betrachter vom Standpunkt des Künstlers treiben zu lassen.

Zumal es berechtigte Zweifel gibt, ob es überhaupt möglich ist, als Betrachter den Standpunkt des Künstlers anzunehmen, so zu sagen, mit den Augen des Künstlers zu sehen.

Man muss vielleicht nicht soweit gehen, wie Clyfford Still, der meinte, dass der Betrachter im Allgemeinen einem Kunstwerk das entnimmt, „was er vorher hineingelegt hat, was ihn seine Ängste, Hoffnungen und Erkenntnisse zu sehen lehren." [39]

Aber letztendlich ist es für den Betrachter egal, von wem das Bild ist bzw. was der Künstler selber mit dem Bild bezweckt hat.

Sol LeWitt, der nun wirklich für Konzepte in der Kunst steht, hat darauf hingewiesen, dass ein Kunstwerk als „Verbindung zwischen dem Geist des Künstlers und dem des Betrachters" zu verstehen ist. Er weist völlig zu Recht darauf hin, dass es „vielleicht nie den Betrachter" erreicht bzw. es nie den „Geist des Künstlers" verlässt.

---

[39] Clyfford Still; Statement 1952; Kunsttheorie; S.708

Das entscheidende ist, dass die Aussage des Kunstwerkes für den Maler einerseits und für den Betrachter andererseits nicht identisch sein muss.

Wie Sol LeWitt schreibt: „Der Künstler muss nicht unbedingt seine eigene Kunst verstehen. Seine Auffassung ist weder besser noch schlechter als die von anderen." [40]

Die Erfassung und das Verständnis, die Wirkung von Bildern verändern sich nicht nur von Betrachter zu Betrachter, sondern auch beim Betrachten selber. Dasselbe Bild kann für den Betrachter unterschiedliche Aussagen erzeugen, bzw. in mehr oder weniger großen Nuancen verändert gesehen werden.

Ich selber erlebe das bei meinen eigenen Bildern. Auch das Gespräch über Bilder verändert Sichtweisen von Bildern, fügt andere Aspekte hinzu. Man beginnt, es sich in seiner Vielfältigkeit anzueignen.

---

[40] Sol LeWitt; »Paragraphen über konzeptuelle Kunst« 1967; Kunsttheorie; 1027f

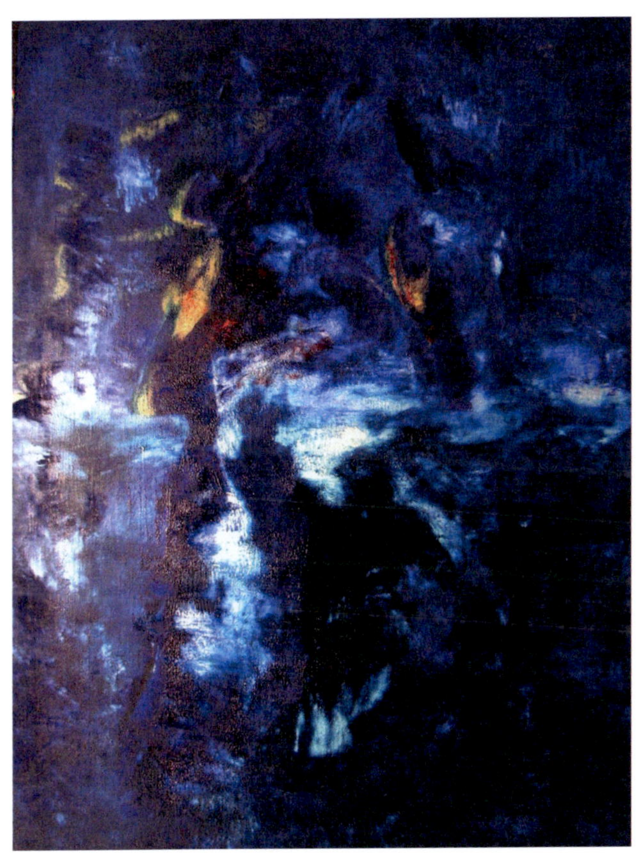

Vor diesem Hintergrund ist ein Bild nie zu Ende gesehen, die Betrachtung selbst ist ein Prozess.[41]

Das zentrale Problem beim Betrachten gerade von nichtgegenständlichen Bildern ist, dass viele „etwas suchen". Es ist ähnlich, wie bei der eben diskutierten Fragen nach der Rolle des „Zufalls" beim Malen des Bildes. Viele suchen einen Anhaltspunkt, etwas Reales. Ich kann mich daran erinnern, dass in Bremen in einer Galerie die Galeristin unbedingt beweisen wollte, dass in einem nicht gegenständlichen Bild ein Männchen gemalt ist und dieses der Schlüssel für das Verständnis des Bildes sei. Verbunden war diese Interpretation mit zahllosen psychologischen Erklärungen, die konfuser als das Bild waren.

Barnett Newman schildert das Problem: „Die zentrale Frage der Malerei ist der Inhalt. Die meisten verstehen unter „subject matter" (Inhalt) das, was Meyer Schapiro „object

---

[41] Cage schildert, dass er Rauschenberg immer wieder fragt: *„Hast Du das Bild verändert."* Und dann merkt er, dass es sich verändert, beim Betrachten; John Cage; »Über den Künstler Robert Rauschenberg und sein Werk« 1961;
Kunsttheorie; S.882

matter" (Gegenstände) genannt hat. Die meisten Leute wollen nämlich in einem Gemälde sofort „Gegenstände" sehen. Erst dann meinen sie, das Gemälde sei ausgefüllt."[42]

Jackson Pollock antwortet als Maler auf die Frage, was der Laie in den Bildern suchen solle: „Ich finde, er soll überhaupt nichts suchen, sondern passiv schauen – er soll auf sich wirken lassen, was das Gemälde zu bieten hat, und sich möglichst nicht nach vorgefassten Inhalten und Ideen darin umschauen." [43]

Es geht darum, den Inhalt des Bildes selbst zu erfassen, welche Emotionen es beim Betrachter auslöst, Ruhe, Sanftheit, Erschrecken, ja auch Erkenntnis, wie also das Bild wirkt und nicht mögliche Gegenstände. Die Wirkung von Bildern wird nicht primär über die Form, also die Gegenstände erzeugt, sondern über die Farbe. Aber darauf will ich in dem nächsten Kapitel eingehen.

---

[42] Barnett Newman; Interview mit Dorothy Gees Seckler 1962; Kunsttheorie; S. 942
[43] Jackson Pollock; Interview mit William Wright 1950; Kunsttheorie; S.701

Was bleibt dem Künstler, wenn er für den Betrachter eigentlich keine Rolle spielt.

Es ist sicher so, dass der Künstler selbst hinter das Bild zurücktritt. Das Bild, das nur durch ihn entstehen konnte und seine einzigartige „Handschrift" trägt, wird zum eigenständigen Leben. Wie Picasso es formulierte: „Ein Bild lebt sein eigenes Leben wie ein lebendiges Geschöpf, und es unterliegt den gleichen Veränderungen, denen wir im alltäglichen Leben unterworfen sind. Das ist ganz natürlich, da das Bild nur Leben hat durch den Menschen, der es betrachtete." [44]

Vor diesem Hintergrund ist die Verzweiflung des Malers Immendorfs zu verstehen, wenn er sagt: „es bleiben ja auch nur ein paar Betrachter übrig, die sich wirklich auf die Sachen einlassen." – „Im Vergleich zu den 300.000 bildungshungrigen documenta - Besuchern ist der Teil, der sich intensiver mit Bildender Kunst beschäftigt, ja doch verschwindend klein, da bleibt ein Kern von ein

---

[44] Pablo Picasso; »Gespräch mit Picasso« 1935; Kunsttheorie; S.624

paar Männeken, die da was für sich herausfiltern." [45]

Immendorf, der nun wirklich Aussagen, lange Zeit auch politische, direkt in Bilder umsetzen wollte, Kunst als „Propaganda" verstand, wollte Echo haben. Seine Erfahrung war, dass es nicht so ausfiel, wie er es sich es wünschte. Er erlebte damit die schlimmste Form, die der Ignoranz.

In diesem Zusammenhang möchte ich das etwas zurecht rücken. Meine persönliche Erfahrung ist, dass das Interesse sehr groß ist, aber u.a. die Event- Kultur nur Kunst als Show und Ereignis will, sich aber nicht die Aufgabe setzt, mit dem Publikum einen ernsthaften Dialog aufzunehmen und einen Zugang zur Kunst zu vermitteln.

---

[45] Jörg Immendorff; Interview mit Walter Grasskamp 1984; Kunsttheorie; S.1265

Die Farbe – die Welt des Bildes

Malerei gibt es schon seit Jahrhunderten. Nach der russischen Revolution 1917 fürchtete die sowjetische Regierung, dass die Museen und die russischen Kunstsammlungen durch den Bürgerkrieg und den Zusammenbruch der staatlichen Institutionen zerstört würden. Malewitsch protestiert gegen die Sorgen der russischen Regierung, und erklärt, dass nur über die Zerstörung des alten, der Weg zur neuen lebendigen Kunst frei zu schlagen sei: „Was braucht der Pilot auf der Höhe unserer neuen Erkenntnisse Rubens oder die Cheopspyramide oder was braucht er die schamlose Venus." [46]

Wozu brauchen wir die Bilder der alten Meister? Was fasziniert uns heute noch an einem Bild aus den vergangenen Jahrhunderten?

Sicher ist es auch so, dass bestimmte Maler zu bestimmten Zeiten besonders in Mode waren, eine entsprechende Propaganda ihre Wirkung hat, es zum guten Ton gehört,

---

[46] Malewitsch; Über das Museum; 1919; zit. Am Nullpunkt; Frankfurt/Main; S. 203 ff

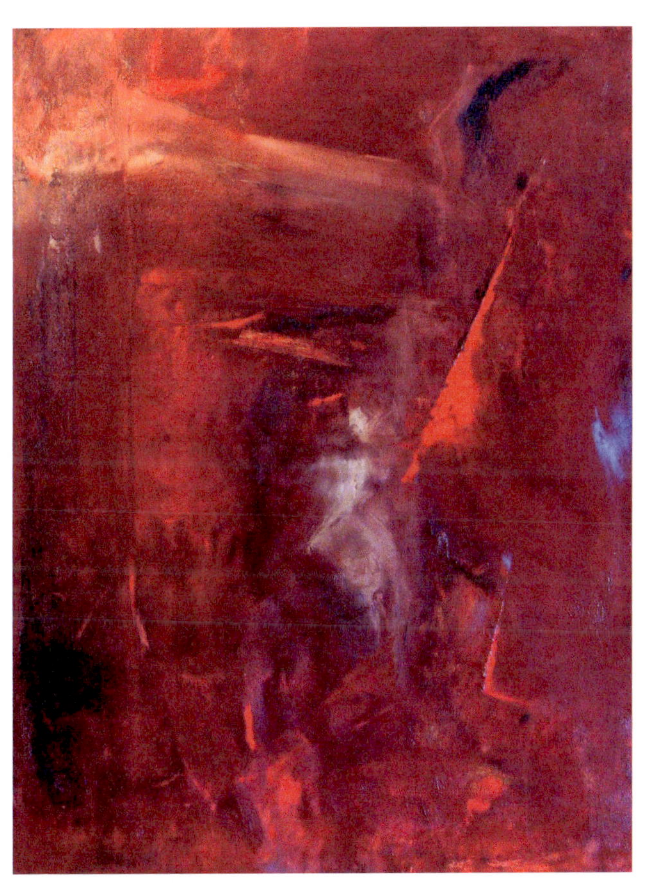

Rembrandt bzw. später auch Turner und van Gogh nicht nur zu kennen, sondern auch mal gesehen zu haben.

Ein besonderes Interesse haben natürlich Historiker, auch Kunsthistoriker, Kunstwissenschaftler, die Bilder miteinander vergleichen, ergründen, Verbindungen zur historischen und gesellschaftlichen Entwicklung, den Zeitströmungen analysieren und das jeweils spezifische oder „Neue" definieren. Alles Fragen, die wichtig und interessant sind. Sie erklären uns die Vergangenheit, das Heute und weisen in die Zukunft.

Doch um diese Fragen geht es mir nicht. Auch nicht um die theoretische Herausarbeitung über die Entwicklung diverser Farbtheorien und –modelle, Fragen der Farbbehandlung usw., was zum unmittelbaren Handwerkszeug des Malers gehört.

Von all dem will ich nicht sprechen.

Es geht um die oben beschriebene individuelle Auseinandersetzung bzw. Betrachtung von Bildern, die zwar unter gesellschaftlichen Einflüssen steht und doch eine individuelle Einzelwirkung auf den jeweiligen Betrachter hat.

Dazu einige Überlegungen:

Beginnen wir mit dem menschlichen Sehen. Sehen kommt vor Sprechen. Kinder sehen und erkennen, bevor sie sprechen können. [47]

Normalerweise ist die Informationsaufnahme über das Sehen sehr viel breiter und intensiver, als es über die Sprache geschieht Das schließt selbstverständliche die Sinnestäuschung mit ein. D.h. mit Sehen allein erfasst man nicht die Realität.

Ein Sonnenuntergang kann sehr verschieden wahrgenommen werden: Als eine einfache und ruhige Abendstimmung bis hin zu Kitschpostkarten, sie kann aber auch als „Weltuntergangsstimmung" empfunden werden.

Und, was vielleicht noch wichtiger ist, zwischen dem was wir sehen und dem, was wir wissen, herrscht keine feste Beziehung. Wir sehen das Schauspiel der untergehenden Sonne als spezifisches Erlebnis, wissen aber gleichzeitig um die physikalischen Prozesse und Elemente, die sich auf der Sonne austoben.

---

[47] John Berger, u.a. Sehen; Das Bild der Welt in der Bilderwelt; Reinbeck; 2000; S.7

Das gilt aber auch für die Informationsweitergabe. Mit Bildern kann ich Informationen, Gedanken und Gefühle auf andere Weise weitergeben als mit der Sprache.

Das ist der Unterschied zwischen visueller und auditiver Kommunikation, die noch nichts mit Kunst zu hat.

Es gibt dabei selbstverständlich eine enge Verbindung zwischen Sprache und Bildern. Ohne gründlich auf die Frage einzugehen, aber die Dichtung arbeitet mit Bildern; so dass man sie als „blinde Malerei" bezeichnen könnte, wie auch Malerei als „stumme Dichtung" [48] bezeichnet werden kann.

Aber wenn wir z.B. ein Selbstporträt von Rembrandt, das ihn als alten Mann zeigt, sehen, dann hat es eine Aussage für uns, herausgelöst aus seiner Zeit, unabhängig von dem Wissen, dass es sich um ein Selbstbildnis handelt. Es hat eine allgemeingültige Aussage über menschliche Empfindungen, Erfahrungen und Gefühle des Alters. Diese könnten auch in Sprache gefasst werden, besonders in

---

[48] W. J. T. Mitchell; »Stumme Dichtung und blinde Malerei« 1986; Kunsttheorie; S. 1379

der Lyrik, aber hier tritt sie in Form eines Bildes vor uns.

Bilder sprechen eine Ebene an, die sehr schwer in Worten, am ehesten durch Lyrik ausgedrückt werden kann. Das gilt auch für die Meisterwerke der Vergangenheit, sei es Giotto, Tizian, Veronese, Rembrandt. Sie sprechen den Betrachter auf einer Ebene an, können eine tiefe Empfindung bewirken, weit über das hinausgehend, was als bloßer Gegenstand auf dem Bild wahrnehmbar ist.

Und damit sind wir bei der ersten Feststellung: es ist falsch, wie es der große Maler Max Liebermann Anfang des letzten Jahrhunderts formulierte, die Malerei „statt mit den Augen immer noch mit dem Verstand" zu betrachten.[49]

Aber wie sieht die Beziehung zwischen Malerei und Sehen aus? Hermann Bahr stellt am Anfang des letzten Jahrhunderts schon fest: „Alle Geschichte der Malerei ist immer Ge-

---

[49] Max Liebermann; »Die Phantasie in der Malerei«; 1904; Kunsttheorie; S. 73

schichte des Sehens. Die Technik verändert sich erst, wenn sich das Sehen verändert hat. (...) Das Sehen aber verändert sich mit der Beziehung des Menschen zur Welt. Wie der Mensch zur Welt steht, so sieht er sie."[50]

„Der heutige Mensch nimmt hundertmal mehr Eindrücke auf, als zum Beispiel ein Künstler des 18. Jahrhundert," stellt Fernand Léger fest.[51] Und von daher verändert sich nunmehr die Technik. Neue Techniken, wie z.B. die Fotographie, ergänzen den Prozess der Veränderung.

Müssten diese Feststellungen nicht bedeuten, dass die Bilder frühere Jahrhunderte ihre Bedeutung verlieren, weil sie mit unserer Realität, unserem neuen Wissen nicht mehr in Einklang stehen?

Hätte Malewitsch mit seiner Forderung, „alles zu verbrennen",[52] nicht recht?

---

[50] Hermann Bahr; Expressionismus; 1916; Kunsttheorie; S. 153

[51] Fernand Leger; »Malerei heute« 1914; Kunsttheorie; S.199

[52] Wunderschön hat es Malewitsch beschrieben: *„Wir können den Konservativen ein Zugeständnis machen und ihnen*

Und dennoch bedeuten uns die Werke der alten Meister etwas. Wenn sich unsere Sehweise geändert hat, uns die Form zwar interessiert, aber nicht allein mehr im Zentrum unserer Betrachtung stehen kann, dann ist es das zentrale Mittel der Bilder selbst: die Farbe.

Ich erinnere mich sehr gut: als ich den „Moses" von Rembrandt in einer Ausstellung sah, war es das helle Blau an der linken Brust, welches mich faszinierte und das in meinen Augen den Charakter des Bildes bestimmte. Der ganze Moses ist von einer enormen Wucht gemalt, in bräunlichem Ton, aber dieses helle Blau, aus dem Braun heraus leuchtend, bestimmt die Figur, bewirkt das Unwirkliche und Zeitlose. (Man kann es auf keiner der mir bekannten Reproduktionen sehen, dazu ist es zu zart und fein gemalt).

---

freistellen, alle schon toten Epochen abzubrennen und eine Apotheke (für die Asche) einzurichten... Wenn der Betrachter vor der Asche von Rubens und seiner ganzen Kunst steht – er wird eine Menge Vorstellungen entwickeln, vielleicht lebendigere als das wirkliche Bild." Malewitsch; Über das Museum; 1919; zit. N. Boris Groys, Aage Hansen-Löve (Hrsg.); Am Nullpunkt; Frankfurt/Main; 2005; S. 205

Ich möchte Alexander Rodschenko widersprechen, der 1921 festgestellt hat, dass „die Farbe (...) im Vergleich zur Form in der Malerei fast keine Entwicklung genommen" hat. Der „Farbton wurde ... ausschließlich aus der Gegenständlichkeit heraus entwickelt..." [53]

Nein, die Farbe war immer der Schlüssel zu einem Bild, welches uns beeindruckt. Die Farbe war und ist das zentrale Mittel der Malerei. Richtig ist sicher, dass der „Farbton" aus der „Gegenständlichkeit" entwickelt wurde, aber z.B. bei dem Bild von Rembrandt hatte das „Blau" dort nichts zu suchen, jedenfalls nicht in der „Gegenständlichkeit." Um den erzürnten Moses zu zeigen, brauchte es des Blaus nicht, aber um daraus ein Kunstwerk zu machen, war es unumgänglich. Gerade die Bilder Rembrandts zeigen oft eine völlig freie Malerei, der Gegenstand wird den Farben unterworfen. Das ist ja das überraschende an seinen Bildern.

Die Impressionisten, wandten sich in ihrer Malerei den Spektralfarben zu, um Luft und Licht wiederzugeben.

---

[53] Alexander Rodtschenko; »Die Linie« 1921; Kunsttheorie; S. 349

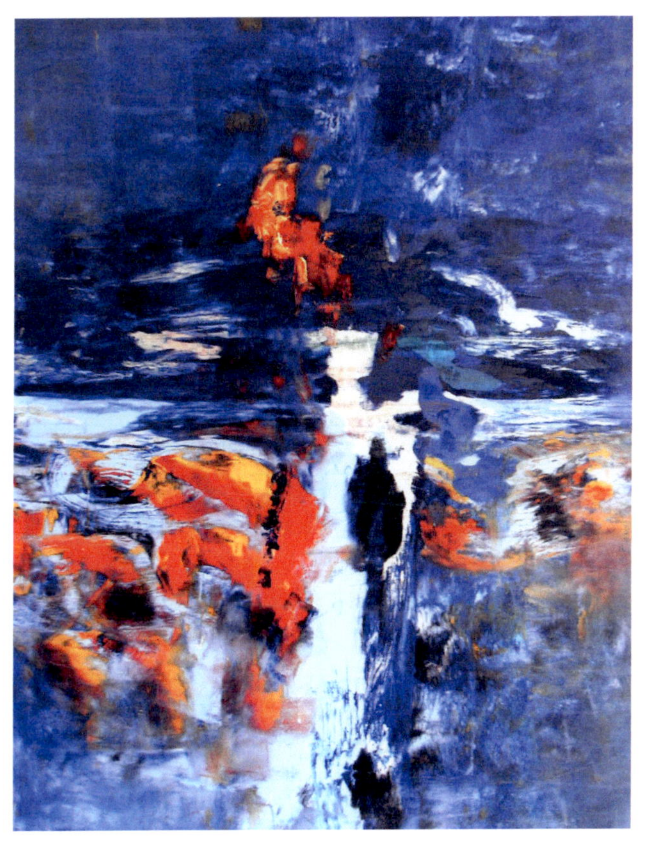

Insofern blieben sie scheinbar noch in der Nähe der „Natur" bzw. „gegenständlichen" Malerei. Die Farben und die Diskussionen darüber erhalten bei ihnen einen sehr großen Stellenwert.

Cézannes hat die Bedeutung der Farbe besonders betont: „Für den Maler sind nur die Farben wahr".[54]

Es ist aber sicher richtig, dass erst die Maler der gegenstandslosen Malerei, so Rodschenko „die Farbe als solche (kultivierten), sie befassten sich mit ihrer vollständigen Freilegung, ihrer Bearbeitung, ihrem Zustand, indem sie ihr Tiefe, Intensität, Dichte, Masse usw." gaben.[55]

Zumindest haben sie die Farbe ins Zentrum ihrer Arbeit gerückt.

Rodschenko verweist auf sein Bild „Schwarz auf Schwarz" und Malewitsch „Weiß auf

---

[54] Cézanne; Zit. Nach Walter Hess; Dokumente zum Verständnis der modernen Malerei; Hamburg; 1956; S.17
[55] Alexander Rodtschenko; »Die Linie« 1921; Kunsttheorie; S. 349

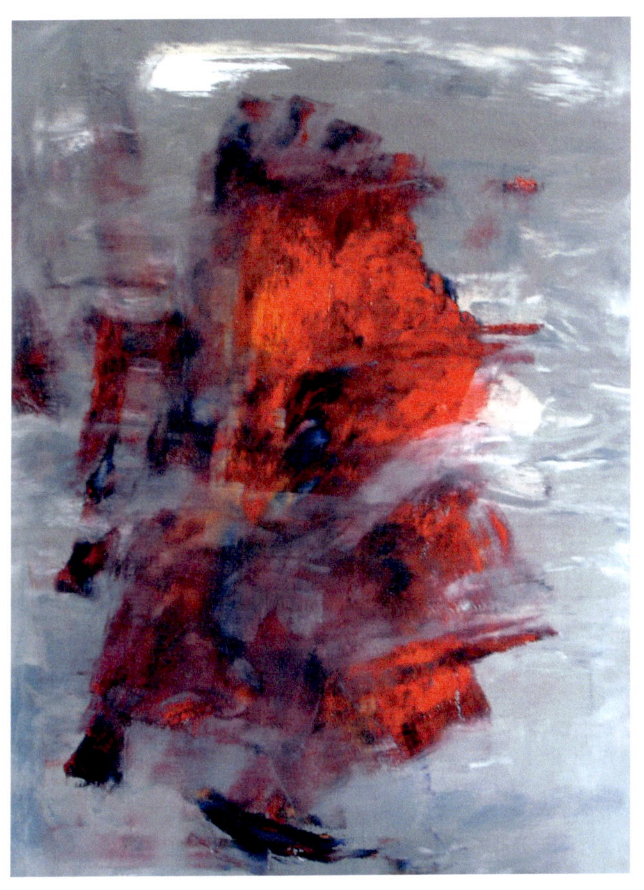

Weiß." [56] Beide Bilder kennt man aus Reproduktionen. Sie können schnell etwas dekorativ wirken, wie auch andere Bilder des Suprematismus.

Aber hier ist das gleiche Erlebnis: in einer Ausstellung habe ich Malewitsch „Weiß auf Weiß" im Original gesehen. Welch eine Lebendigkeit der Farbe, welch eine Entwicklung ist in dem Weiß. Kasimir Malewitsch ist, wie er es sagt, „durch die Farbe hindurch zum Weiß vorgedrungen", der „Farbe der Unendlichkeit." [57]

Rodschenko hat den Platz der Farbe neu definiert. In der Praxis ist für mich die Entdeckung, dass mit der Farbe eine eigenständige Realität geschaffen, ein eigener Zugang eröffnet wird, zentral, und es gibt eine Vielzahl von Zeugnissen von Malern, die deutlich machen, dass für sie hier der eigentliche Kern der Malerei zu suchen ist.

So schreibt Theo van Doesburg:

„In der Malerei ist nichts wahr außer der Farbe. Die Farbe ist eine konstante Energie,

---

[56] Alexander Rodtschenko; »Die Linie« 1921; Kunsttheorie; S. 349
[57] Kasimir Malewitsch; »Suprematismus«; 1919; Kunsttheorie; S. 327

sie bestimmt sich aus dem Gegensatz zu einer anderen Farbe. Die Farbe ist die Grundsubstanz der Malerei; sie bedeutet nichts als sich selbst. Die Malerei ist ein Mittel, um Gedanken visuell zu verwirklichen: Jedes Bild ist ein Farbgedanke." [58]

Man kann es mit den Worten Cézannes auch sehr viel poetischer ausdrücken: „Die Farben sind der Ort, wo unser Gehirn und das Universum sich begegnen." [59]

Die Schwierigkeit beginnt aber erst dann, wenn die Wirkung der Farbe erfasst werden soll. So hat Kandinsky die physische und psychische Wirkung von Farbe beschrieben. Es gibt inzwischen ausgeklügelte Theorien zu diesen Fragen, aber auch Kandinsky bleibt bei seinen Schilderungen in Beispielen stecken: „unglatt, stechend aussehend", bzw. „glattes, samtartiges", „kalt und warm", „duftende" Farben usw. Farbe ist für ihn „ein Mittel, einen direkten Einfluss auf die Seele auszuüben. Die Farbe ist die Taste. Das Auge ist der Hammer. Die Seele ist das Klavier mit

---

[58] Theo van Doesburg u. a.; »Grundlage der konkreten Malerei«; 1930; Kunsttheorie; S. 442
[59] Cézanne; Zit. Nach Walter Hess; Dokumente zum Verständnis der modernen Malerei;
Hamburg; 1956; S.20

vielen Saiten. Der Künstler ist die Hand, die durch diese oder jene Taste zweckmäßig die menschliche Seele in Vibration bringt. So ist es klar, dass die Farbenharmonie nur auf dem Prinzip der zweckmäßigen Berührung der menschlichen Seele ruhen muss." [60]

Eine sehr schöne, aber etwas mechanische Erklärung.

Paul Klee, stellt fest, dass die Linie messbar ist, ja selbst die Tonalität (Abstufung zwischen hell und dunkel) messbar ist, aber bei der Messung der Farbe stößt er auf Probleme: „Denn man kommt ihnen (den Farben) weder mit Messen, noch mit Wägen ganz bei: Da wo mit Maßstab und mit Waage keine Unterschiede mehr festzustellen sind, z.B. von einer rein gelben zu einer rein roten Fläche von gleicher Ausdehnung und gleichem Helligkeitswert, bleibt immer noch eine wesentliche Verschiedenheit bestehen, die wir mit den Worten gelb und rot bezeichnen ... Ich möchte daher die Farben Qualitäten nennen." [61]

---

[60] Wassily Kandinsky; *Über das Geistige in der Kunst;* 1911; Kunsttheorie; S. 118
[61] Paul Klee; *Über die moderne Kunst;* 1924; Kunsttheorie; S.429

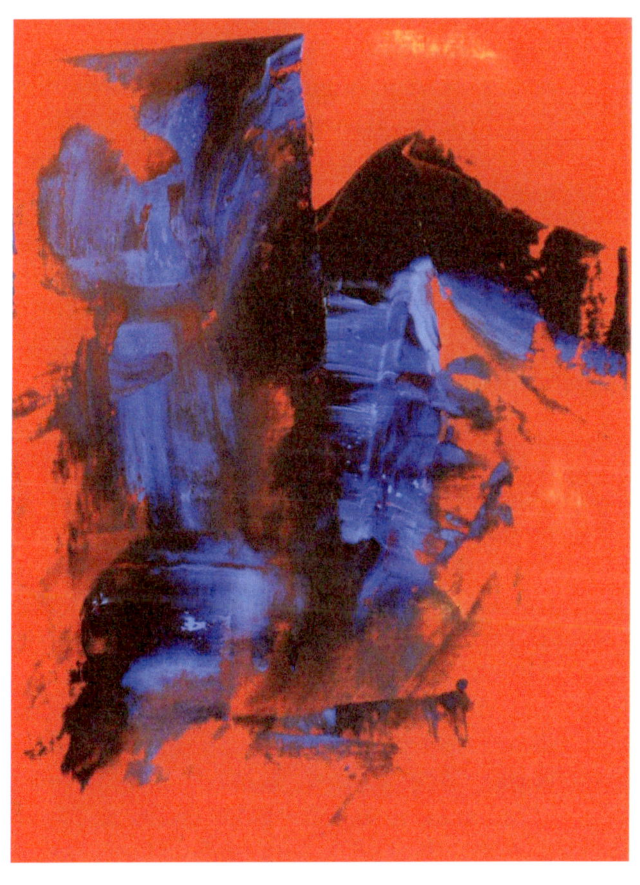

Yves Klein schildert in einem Vortrag an der Sorbonne[62], wie er zu seinen monochromen blauen Bildern gekommen ist. Er wollte in einer Ausstellung „Farbe zeigen". Dazu hatte er verschiedenfarbige Bilder aufgehängt und er stellt fest: „Es war ihm unmöglich, sich in die Farbe eines einzelnen Bildes zu versenken." Zwei Farben nebeneinander verführen sofort zu einem Vergleich, zur Untersuchung der Wechselwirkung ... Er spricht dann u.a. davon, dass die „Farbe beim Malen andauernd zublinzelte, ihr Eigenleben hatte." Und er beklagt, dass die heutige Kunst zur „Überbetonung der Form geführt hat."

Warum hat er nun die blaue Farbe genommen? Den entscheidenden Anstoß erhielt er in der Basilika des Heiligen Franziskus zu Assisi und über die Bilder von Giotto, von Cimabues bzw. Künstlern der Sieneser Schule. Ihr blauer Himmel, egal ob in figurativer Absicht gemalt, also um einen reinen Himmel ohne Wolken zu zeigen, ist dennoch diese Absicht zugleich von monochromer Natur. Alle Farben wecken Assoziationen „konkreter, materieller oder fassbarer Ideen, während Blau höchstens an das Meer oder an

---

[62] Yves Klein; Vortrag an der Sorbonne; 1959; Kunsttheorie; S.991ff

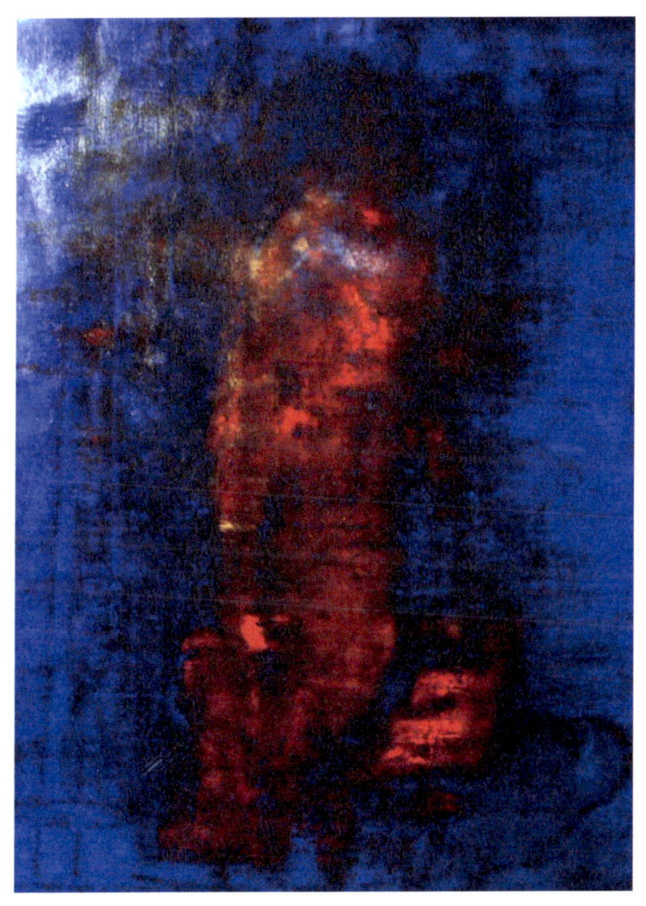

den Himmel erinnert, welche beide schließlich in der sichtbaren und fassbaren Welt geradezu Symbole des Abstrakten darstellen." Und er zitiert Bachelard: „Am Anfang ist nichts, dann folgt ein tiefes Nichts, und am Ende steht eine blaue Tiefe."

All dies entspricht auch meiner eigenen Erfahrung. Mich haben schon als Jugendlicher die blauen Mosaiken aus dem 5. bis 6. Jahrhundert in Ravenna sehr beeindruckt, und später, die Entdeckung Giottos. Doch die Festlegung auf die Farbe Blau wird letztlich nicht von mir geteilt. In meinem neuesten roten Triptychon sehe ich einen ähnlichen Charakter. Und ich möchte mich nicht auf rein monochrome Bilder beschränken. Kasimir Malewitsch [63] hat in meinen Augen Recht, wenn er festhält, „die Farbe ist das, wodurch der Maler lebt – das heißt, sie ist das Wichtigste." Doch seine Schlussfolgerung, „die Maler müssen das Sujet und die Gegenstände aufgeben, wenn sie reine Maler sein wollen", teile ich nicht.

---

[63] Kasimir Malewitsch; Vom Kubismus und Futurismus zum Suprematismus: Der neue Realismus in der Malerei 1915/16; Kunsttheorie; S.216

„Das Bild allein aus der Farbe zu formen", also „Zeichnend malen", wie es z.B. Nolde formuliert,[64] das ist die Aufgabe vor der die Maler stehen und das Spannungsfeld in dem sie leben. Viele Ausstellungen oder z.B. das Art-Forum werfen für mich die Frage auf, ob wir nicht eine neue Wiederentdeckung der Farbe brauchen? Warme und kalte Farben, Farben in ihrer gesamten Differenzierung, in ihrem schrillen und zarten Charakter, Farben in ihrer Vielfalt und Entwicklung, Farben, die schließlich Farbräume entwickeln, durch die man laufen kann, die sich sozusagen auftun - sie lassen uns schließlich die Welt neu finden, ohne das metaphysisch überhöhen zu wollen.

Dabei stellt sich ein praktisches Problem. Schon anfangs habe ich darauf verwiesen, dass sich unser Sehen entwickelt. Niemand kann daran zweifeln, wir sind heute einer unglaublichen Bilderflut ausgesetzt. Fernseher, Computer, digitale Kameras, Druck- und Farbkopierer ... alle produzieren Bilder, Farbbilder. Diese Farben haben aber eine Besonderheit. Es sind zusammengesetzte

---

[64] Nolde; *Worte am Rand* in Werner Haftmann; Emil Nolde: Ungemalte Bilder; Köln 2002 S. 25

Farben, aus den wenigen Grundfarben, Magenta, Cyan, Gelb und Schwarz. Alle anderen Farben werden aus diesen abgeleitet, als eigenständige Farben kommen sie nicht vor. Müssen wir nicht davon ausgehen, dass das wirkliche Farben sehen wiedererlernt werden muss?

Der Unterschied zwischen Original und Reproduktion ist, wie bei dem oben erwähnten Blau in Rembrandt's Moses-Bild, greifbar und sichtbar. Farbe im Original, die lebt, die eine eigene Ausstrahlung, ihr eigenes Leben entwickelt auf der einen Seite und Farbe, die aus der Kombination mehrer Druckfolgen entstanden ist. Die Reproduktion kann uns immer nur einen „Eindruck" von dem Original vermitteln. Sicher ist, dass der Druck, wie auch die Fotographie ihre eigene Ästhetik haben, aber sie sind nicht zu vergleichen mit der Ölfarbe, mit der lebendigen Farbe.

Osip Brik hat schon in den 20er Jahren des letzten Jahrhunderts darauf hingewiesen, dass die „Malerei die wirklichen Farben (der Natur) nicht übertragen" kann. Das Material kann die Natur bestenfalls nachahmen. Deshalb ist es auch nicht die Aufgabe der Malerei die Natur nachzubilden, sondern eine „Neuschöpfung" mit rein „malerischen Mitteln." Er nimmt dieses Beispiel, um zu erklären, dass es nicht die Aufgabe der Fotographie sein kann, „Gemälde" nachzuahmen und „malerische Effekte" einzubeziehen, sondern dass sie ihre eigenen fotographischen Gesetze für Aufnahmen und Komposition finden muss.[65]

Diese Gedanken auf die heutige Zeit zu übertragen heißt, man muss angesichts der überdimensionierten Bilderflut unterscheiden, was, mit welchen Mitteln produziert wurde. Alles gehorcht seinen eigenen Gesetzen. Die beliebten C-Prints haben eine besondere, für mich künstliche, tote Farbe, die auch ihre Berechtigung haben, die aber auch ihren eigenen Gesetzen gehorchen. Dasselbe Phänomen, natürlich in geringerer Ab-Stufung, sehe ich zwischen Öl- und Acrylfarbe. Und letztlich kommt es darauf an, die Farbe, in welcher Form auch immer künstlerisch einzusetzen.

---

65 Osip Brik; »Fotografie gegen Gemälde«; 1926; Kunsttheorie; S.565 ff

Die Farbe und ihr Umgang mit ihr, ist entscheidend für jedes Kunstwerk: „Wenn die Farbe die größte Fülle besitzt, birgt die Form den größten Reichtum", so Cézannes.

Dafür steht für mich die Ölfarbe. Aber dass soll kein Dogma sein, sondern eine persönliche Feststellung.

Geht es doch in der Kunst, wie es Hans Hoffmann es formuliert hat, um: „die Verschmelzung eines durch die Lebenserfahrung gewonnenen Materials mit den natürlich gegebenen Eigenschaften des Mediums." [66] D.h. hier, mit der Farbe und der Leinwand.

Bleibt noch ein Nachsatz: Man kann auch mit den besten Farben schlechte, nichtssagende, kitschige Bilder malen. Aber das ist ja nicht unser Thema.

---

[66] Hans Hofmann »Über die Ziele der Kunst« 1931; Kunsttheorie; S. 446

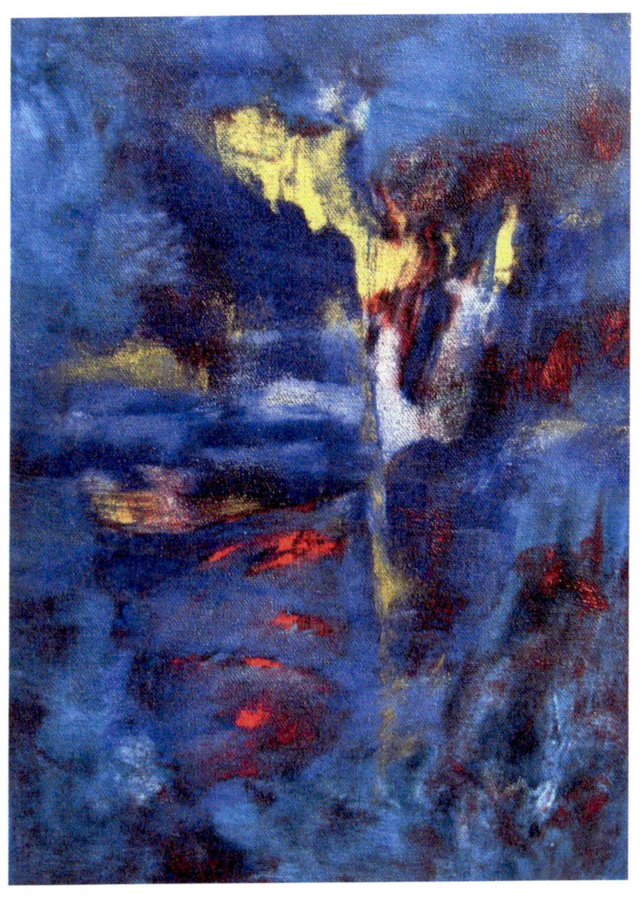

Zu den Bildern

Sämtliche Bilder sind von Gotthard Krupp.

Eine Reproduktion ist nur eine Reproduktion. Sie kann nicht die Farbe und damit die tatsächliche Aussage des Originals wiedergeben.

Seite 11: 2005;   60*80;   05/01/37

Seite 15: 2006;   80*100; 06/02/11

Seite 17: 2008;   24*30;   08/06/04

Seite 19: 2008;   60*80;   08/03/06

Seite 21: 2005;   50*60;   05/03/08

Seite 23: 2008;   80*100; 08/02/05

Seite 29: 2006;   80*100; 06/02/09

Seite 39: 2008;   60*80;   08/03/02

Seite 45: 2008;   60*80;   08/03/10

Seite 53: 2007;   80*100; 07/02/02

Seite 55: 2007;   60*80;   07/03/13

Seite 59: 2008;   30*40;   08/05/09

Seite 61: 2007;   60*80;   07/03/18

Seite 67: 2008;   30*40;   08/05/01

Alle Bilder: Öl auf Leinwand

Quellen:

Kunsttheorie im 20. Jahrhundert;
Herausgegeben von Charles Harrison und Paul Wood;
2003 Ostfildern- Ruit

John Berger, u.a. Sehen; Das Bild der Welt in der
Bilderwelt; Reinbeck; 2000

N. Boris Groys, Aage Hansen-Löve (Hrsg.); Am Nullpunkt; Frankfurt/Main; 2005

Walter Hess; Dokumente zum Verständnis der modernen Malerei; Hamburg; 1956

Werner Haftmann; Emil Nolde: Ungemalte Bilder;
Köln 2002